A

M. JOSEPH DERENBOURG

MEMBRE DE L'INSTITUT

HOMMAGE

DE LA SOCIÉTÉ DES ÉTUDES JUIVES

A L'OCCASION

DU 80ᵉ ANNIVERSAIRE DE SA NAISSANCE

Ln 27/7
40459

A

M. JOSEPH DERENBOURG

MEMBRE DE L'INSTITUT

HOMMAGE

DE LA SOCIÉTÉ DES ÉTUDES JUIVES

A L'OCCASION

DU 80ᵉ ANNIVERSAIRE DE SA NAISSANCE

21 août 1891.

M. JOSEPH DERENBOURG

L E 21 août prochain, notre vénéré ami M. Joseph Derenbourg, membre de l'Institut, ancien président de la Société des Études juives, accomplira sa quatre-vingtième année. A cette occasion, ses admirateurs, ses disciples, ses amis, soit en France, soit à l'étranger, ont décidé de se grouper pour fêter dignement l'illustre octogénaire. La Société des Études juives, par l'organe de sa *Revue*, se fait un devoir de s'associer à cette manifestation, et d'adresser publiquement au noble vétéran de la science juive ses hommages respectueux et ses plus chaleureux souhaits.

Cela est de toute justice. M. Derenbourg a été un de nos amis de la première heure. La vive sympathie que, dès l'origine, il a témoignée à notre œuvre naissante, a été notre meilleure caution auprès du monde savant et une des causes les plus certaines de notre succès. Mais il ne nous a pas seulement accordé son puissant patronage. Il nous a honorés de son concours personnel, et quelques-uns des travaux les plus remarqués qui aient paru dans notre recueil sont sortis de sa plume infatigable. Aucun de nos lecteurs n'a oublié ni ses « Recherches bibliques », ses fines et pénétrantes analyses de Job, de l'Ecclésiaste, ni son admirable étude sur le traité mischnaïque de Yoma, sans parler de tant d'autres essais que nous devons à sa précieuse collaboration. M. Derenbourg est de ceux qui ne peuvent toucher à une question sans la renouveler, sans semer à profusion les vues les plus ingénieuses et les plus solides à la fois, sans ouvrir à l'esprit des horizons inconnus. Ce sera toujours un grand honneur et un gage de durée pour notre *Revue*, de pouvoir se réclamer d'un nom aussi universellement respecté et qui, depuis tant d'années, brille au premier rang dans les régions scientifiques.

Les études qu'il a données à la *Revue* ne constituent, en effet, qu'une faible partie des publications dont il a enrichi la science du judaïsme. Tout jeune encore (il y a de cela environ 60 ans), il a inauguré sa carrière scientifique par un travail sur Maïmonide qui se lit encore aujourd'hui avec plaisir et profit. Depuis, il n'a cessé d'aborder, avec le même succès et une compétence toujours croissante, les questions les plus diverses, et de porter ses investigations sagaces et érudites sur tous les coins et recoins de l'histoire du judaïsme. Tour à tour linguiste et grammairien, exégète et théologien, historien et talmudiste, il n'est pas un des cantons du vaste domaine de la littérature et de l'histoire juives qu'il n'ait fécondé par son intelligent labeur. Possédant à fond tout ce groupe de langues qu'on désigne sous le nom de sémitiques, et qui s'éclairent l'une par l'autre, passé maître dans la connaissance des idiomes arabe, hébraïque, chaldéen, syriaque, etc., il a fait faire des progrès considérables à la grammaire et à la lexicologie de la Bible et du Talmud, qui nous touchent de plus près. Plusieurs de ses ouvrages sont devenus classiques et jouissent d'une autorité incontestée. Nous ne pouvons ici, dans cette courte notice, donner l'énumération même approximative de ses travaux, qui se sont succédé depuis un demi-siècle avec une abondance tenant du prodige. Mais qui, parmi tous ceux qui s'occupent du passé du judaïsme, ne connaît, par exemple, le *Manuel du lecteur*, où sont mis en lumière tant de principes jusque là ignorés ou mal compris de la grammaire hébraïque, l'*Histoire de la Palestine d'après les sources talmudiques,* où l'on ne sait ce qu'il faut admirer davantage, la sûreté de l'érudition, la sagacité des combinaisons, ou l'éloquence de la forme et le charme de l'exposition? Que d'idées nouvelles, devenues aujourd'hui des vérités établies, répandues à pleines mains dans ces ouvrages et dans beaucoup d'autres que nous passons sous silence! Entre des mains comme celles de M. Derenbourg, l'érudition est une création.

Un des grands services que notre illustre ami a rendus à la science juive, c'est d'avoir tiré de la poussière des bibliothèques une quantité d'œuvres du plus haut mérite qui n'étaient connues que de nom. Notre époque a accompli à cet égard une véritable œuvre de résurrection. Nos plus grands savants du moyen âge ont laissé des manuscrits qui, depuis des siècles, dorment dans l'ombre. Les auteurs surtout qui, se pliant aux nécessités de leur temps, ont écrit en arabe, étaient devenus comme étrangers au judaïsme. Celui-ci a compris enfin qu'il y avait là des trésors inestimables qu'il était de son intérêt et de son honneur de ne pas laisser se perdre. M. Derenbourg, grâce à sa connaissance de la langue arabe, qu'il possède comme pas un, a pu rappeler à la vie du grand jour bien des écrivains presque totalement ignorés, ou du moins ceux de leurs ouvrages qui, composés en arabe, étaient comme s'ils n'existaient pas. C'est un devoir de piété filiale, en même temps que de science, qu'il lui a été donné ainsi d'accomplir à la grande satisfaction de tous ceux qui savent que c'est la science qui a fait la gloire du judaïsme dans le passé et qui sera encore sa force dans l'avenir.

Parmi tous les écrivains du moyen âge qui doivent à M. Derenbourg d'être mieux connus et mieux appréciés, il en est un qu'il a toujours entouré d'une prédilection particulière et qui la mérite bien. C'est Saadia, l'homme remarquable qui fut le principal initiateur des progrès de la science juive depuis une dizaine de siècles, et qui nous étonne par la netteté de sa pensée, la hardiesse de sa critique, l'étendue de son savoir et l'immensité de son œuvre. Malheureusement il a partagé le sort commun ; car la majeure partie de ses écrits, rédigés en arabe, attend encore les honneurs de l'impression. Or une belle occasion s'est offerte de réparer cette injustice, de rendre à la science ce qui lui appartient : l'année 1892 est le millième anniversaire de la naissance de ce grand homme. M. Derenbourg a donc conçu le projet hardi de faire célébrer ce glorieux anniversaire d'une manière vraiment digne de lui-même et de son auteur favori. Il prépare l'édition complète des œuvres de Saadia. Avec une ardeur toute juvénile, il a tracé le programme de cette entreprise aussi vaste que difficile; il a appelé à lui tous les travailleurs capables d'y coopérer utilement, les a animés de son propre enthousiasme et, acceptant pour lui-même une partie considérable de la tâche, il se dispose à élever au célèbre Gaon un monument qui fera grand honneur à un homme illustre, mais aussi à celui qui en a pris l'initiative.

Qui ne serait émerveillé de tant de vaillance, de tant d'activité chez un homme arrivé à la fin de sa 80e année et qui, après avoir travaillé toute sa vie, aurait le droit de goûter un repos mille fois mérité? Mais non, M. Derenbourg trouve sa joie, sa récompense dans ses chères études; ce sont elles qui lui ont valu de conserver une vivacité de sentiments, une fraîcheur d'impression, une facilité d'enthousiasme qui charment tous ses amis. M. Derenbourg a eu des chagrins, des douleurs, des déceptions dans sa longue et belle carrière. Un des coups les plus sensibles pour un serviteur fidèle de la science a été l'affaiblissement graduel de sa vue; mais l'étude est là pour le consoler, pour lui procurer les plus douces jouissances et les satisfactions les plus profondes. De là cette inaltérable bonne humeur, ce don charmant de la gaieté, ce commerce si délicieux et si instructif à la fois. Il n'est rien de tel pour embellir la vie et maintenir l'âme dans de bonnes dispositions que de se consacrer sans fin ni trêve à une œuvre utile et qui réponde à nos goûts.

Nous voudrions ajouter encore que notre cher et excellent ami M. Derenbourg, tout en faisant du culte de la science l'objet capital de son existence, a le cœur assez large et l'esprit assez généreux pour servir efficacement tous les grands intérêts de la société et de la religion. Que d'œuvres auxquelles il a prêté et prête encore un concours des plus actifs et des plus appréciés ! Mais nous n'écrivons pas ici une biographie et n'avons pas la prétention de faire connaître M. Derenbourg à ses amis. Qu'il nous soit permis seulement d'ajouter que c'est à la jeunesse surtout qu'il a de tout temps donné son appui, sa sympathie et sa protection. Beaucoup lui doivent d'être entrés dans la même direction scientifique que lui, encouragés par sa parole, guidés par ses conseils, fortifiés par son exemple, et sont fiers de s'appeler ses disciples ; d'autres, et en bien grand nombre, ont pu poursuivre leur chemin et se créer une situation honorable, grâce à l'appui qu'il n'a jamais marchandé à ceux qui voulaient travailler sérieusement. Pour les soutenir, il n'a ménagé ni son temps, ni ses peines, ni ses sacrifices. Le 21 août sera pour eux tous un jour de fête.

Quant à nous, collaborateurs modestes, mais amis sincères de M. Derenbourg, nous nous associerons ce jour-là de tout cœur aux membres de sa famille, et nous demanderons à la Providence divine de veiller sur cette vie précieuse et de faire encore longtemps de cette belle et verte vieillesse un exemple pour les jeunes générations, exemple de travail, de dignité, d'honneur, de désintéressement, d'amitié fidèle et de dévouement.

Zadoc Kahn.

Le jour où notre illustre collègue M. Joseph Derenbourg accomplit sa quatre-vingtième année sera pour lui un jour de joie et de gloire : ses confrères de l'Institut lui feront fête ; ses amis et de nombreux savants de tous les pays et de toutes les confessions lui préparent des ovations. Ces témoignages de respect et de sympathie sont la récompense d'une belle vie, consacrée tout entière au travail, à l'enseignement, à l'étude. Nous ne sommes pas compétent pour louer, comme ils le méritent, les remarquables travaux de M. Derenbourg sur la littérature arabe et sur les inscriptions sémitiques; son *Essai sur l'histoire de la Palestine*, depuis Cyrus jusqu'à Adrien, d'après les sources talmudiques et rabbiniques, a fait époque dans la science juive. Dans cette étude comme dans celles qu'il a publiées sur Jona ibn Ganah, sur Maïmonide, sur les contes de Calila et Dimna, sur l'histoire de la grammaire hébraïque, sur une foule de sujets historiques et talmudiques, on trouve les hautes qualités qui le distinguent : une science solide et sûre, une vaste érudition, des vues nouvelles, profondes ou fines, et, dans les problèmes difficiles, une sagacité extraordinaire. Nous publierons probablement, dans un prochain numéro, la liste complète de ses œuvres; elle est loin d'être close. A un âge où d'autres cherchent le repos, M. Joseph Derenbourg poursuit ses études avec un entrain et une activité absolument étonnantes. Il a trouvé un charme qui lui conserve la jeunesse et lui permet d'être entreprenant comme on l'est à vingt ans. La publication des ouvrages arabes de Saadia, qu'il vient de commencer avec le concours d'un grand nombre de savants groupés autour de lui, est une œuvre colossale par laquelle il couronnera dignement sa belle carrière. Le Conseil de la Société des Études juives, dont il a été un des premiers présidents et à laquelle il a rendu de si éminents services, par sa collaboration à la *Revue des Études juives*, m'avait chargé de publier sa biographie à cette place; mais j'en ai été empêché, à mon grand regret, par M. Derenbourg lui-même, dont la délicatesse souffrait de cet hommage pourtant si bien mérité. Nous devons donc nous borner à donner ici son portrait; il est fait d'après un dessin inédit qui date d'environ dix ans. Nos lecteurs y verront, rendus avec autant d'exactitude que de talent, les traits de notre savant et cher ami. Que ne peuvent-ils y voir également la vivacité de sa pensée et de ses impressions, sa fougue, l'élan de sa curiosité scientifique ! Jamais homme de son âge ne fut moins morose, moins emprisonné dans le passé, plus heureux de garder le contact avec les générations nouvelles. Nous lui adressons, au nom du Conseil et de la Société, nos vœux les plus ardents pour son bonheur et celui de ses enfants; nous le prions de recevoir publiquement le tribut de notre admiration et l'assurance de notre profonde affection.

Isidore Loeb.

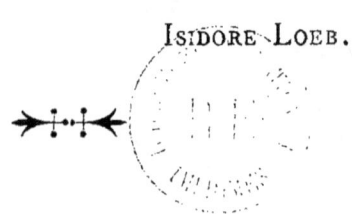

VERSAILLES, IMP. CERF ET FILS, 59, RUE DUPLESSIS.

S 4

www.ingramcontent.com/pod-product-compliance
Lightning Source LLC
Chambersburg PA
CBHW060903050426
42453CB00010B/1560